Für Adam,
S. McB.

Für Di,
A. J.

Titel der englischen Originalausgabe:
Little Nutbrown Hare in the Spring
© 2007 Sam McBratney (text)
© 2007 Anita Jeram (illustrations)
Published by arrangement with Walker Books Ltd.,
87 Vauxhall Walk, London SE11 5HJ

Bibliografische Information der
Deutschen Nationalbibliothek
Die Deutsche Nationalbibliothek
verzeichnet diese Publikation in der
Deutschen Nationalbibliografie;
detaillierte bibliografische Daten
sind im Internet über
http://dnb.d-nb.de abrufbar.

© der deutschsprachigen Ausgabe
Sauerländer 2011; Nachdruck B
Bibliographisches Institut GmbH,
Dudenstraße 6, 68167 Mannheim

© der deutschen Übersetzung 2008
Patmos Verlag GmbH & Co. KG
Sauerländer, Düsseldorf
Alle Rechte vorbehalten
Deutsch von Rolf Inhauser
Printed in China
ISBN 978-37941-5186-8
www.sauerlaender.de

Weißt du eigentlich, wie lieb ich dich hab?

Sam McBratney · Anita Jeram
Deutsch von Rolf Inhauser

...wenn die
Blumen blühen

Sauerländer

Der kleine Hase
und der große Hase machten eine
Hüpferung im Frühling.

Frühling, das ist, wenn nach dem Winter alles wieder wächst.

Sie sahen eine kleine Eiche wachsen.

«Eines Tages wird das ein Baum sein», sagte der große Hase.

Der kleine Hase entdeckte eine Kaulquappe im Teich. Es war eine kleine Kaulquappe, die da so lustig herumquappelte.

«Das wird mal ein Frosch»,
sagte der große Hase.

«So einer wie der da drüben?»

«Jaaa, genau so einer»,
sagte der große Hase.

Eine haarige Raupe kroch langsam
über den Weg; sie suchte sich
etwas Grünes zu knabbern.

«Eines Tages verwandelt sie sich
in einen Schmetterling»,
sagte der große Hase.

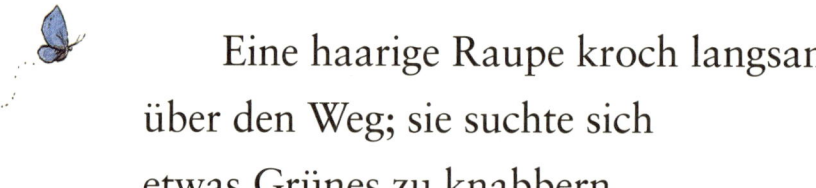

«Mit Flügeln?»

«Jaaa, mit bunten Flügeln»,
sagte der große Hase.

Dann fanden sie im Gras ein Vogelnest
mit vielen, vielen Eiern.

«Was wird denn aus einem Ei?»,
fragte der kleine Hase.

«Ein Vogel.»

«Ein großer, großer Vogel?»

«Na ja ... ein erwachsener Vogel», sagte der große Hase.

Der kleine Hase überlegte sich, ob denn wohl aus allem immer etwas anderes wurde.

Da fing er zu lachen an.

«Und was wird aus einem kleinen Hasen wie mir?», fragte er.

Der große Hase überlegte

und überlegte…

Na, was ist?
Weiß er das denn nicht?

Jaaa!

«Ein großer Hase – wie ich!»